Warschauer Konzert

von
Richard Addinsell

AUS DEM R·K·O·-FILM
»DANGEROUS MOONLIGHT«

„THEMA":

PIANO-SOLO
SPEZIAL-ORCHESTER
VIOLINE UND PIANO
CELLO UND PIANO

WARSCHAUER KONZERT KOMPLETT:

PIANO-SOLO
2 PIANOS VIERHÄNDIG

BOSWORTH EDITION

WARSCHAUER KONZERT

RICHARD ADDINSELL
für Piano-Solo bearbeitet nach der
Original-Partitur von
HENRY GEEHL

PHILIPS N 1013
Radio Philhar m. Orch. Hilversum
Dirig.: W. van Otterloo, Solist: Pierre Palla

ODEON O - 28 020
Berliner Symphoniker
Dirig.: GMD Dr. Buschkötter, Solist: Bill Norman

B. & Co. 20 465

POLYDOR 48 602 H
RIAS - Tanzorchester, Berlin
Dirig.: Werner Müller, Solist: Erich Werner

BRUNSWICK 82 562
Orchester Carmen Cavallero

4

IMPERIAL ILP 116 (Langsp. Pl.)
Nordwestdeutsche Philharmonie
Dirig.: Wilh. Schüchter, Solist: Herbert Heinemann

B. & Co. 20 465

AUSTROTON M 70221
Orchester Ralph Marterie and his Down Beat

TELEFUNKEN TW 30017 (Langsp. Pl.)
Philharmonisches Staatsorchester Hamburg
Dirig.: Wal-Berg. Solist: Willi Stech

B. & Co. 20 465

PHILIPS B 07675 R (Langsp. Pl.)
Orchester Paul Weston, Solist: Georg Liberace

6

B. & Co. 20 465

*) Taste niederdrücken
ohne anzuschlagen

marcato il canto

Ped. simili

mf

espr:

rall.

mf

Moderato (pp)

il basso legato

Ped. simili

cresc.

dim.

Allegro

13

B. & Co. 20465

Made in the EU 10/09 (171314)